Pianeta Gaia

"LAUDATE DEUM"
spiegata ai bambini
e agli adolescenti

Massimo Missiroli Editore

Pianeta Gaia
"LAUDATE DEUM"
spiegata ai bambini e agli adolescenti

Leggi l'Esortazione Apostolica sulla Crisi Climatica: 'LAUDATE DEUM' del Santo Padre Francesco, per tutte le persone di buona volontà alla pagina:

urly.it/3xqhb

Massimo Missiroli Editore © 2023
massimo.missiroli@gmail.com
Prima edizione ottobre 2023
I.S.B.N. 9798864461501

Ciao piccoli amici e amiche di tutto il mondo,

Io sono Gaia, ma molti di voi mi conoscono come la Terra, il nostro pianeta.

Forse non lo sapevate, ma anch'io ho un cuore, sentimenti e, proprio come voi, un grande desiderio di essere ascoltata e compresa.

Alcuni giorni fa Papa Francesco ha scritto una lettera che si chiama "Laudate Deum".

In questa lettera parla di me, della bellezza che mi caratterizza, ma anche dei pericoli che sto affrontando.
Lui ha lanciato un appello a tutti affinché prendano cura di me, perché sono la vostra casa, il luogo in cui vivete e crescete.

So che alcune parole possono sembrare difficili o complesse, specialmente se siete piccolini.
Ma non preoccupatevi!

Con l'aiuto di Massimo, ho deciso di raccontarvi in parole semplici quello che Papa Francesco ha scritto, così da farvi comprendere meglio la sua importante richiesta.

Vorrei che, mentre leggete questo libro, immaginaste di sedere su una collina verde, con l'aria fresca che vi accarezza il viso, ascoltando il canto

degli uccelli e il rumore delle onde del mare in lontananza.
Questo è il mondo che desidero per voi, un mondo sereno, felice e pulito.

Questo libro è un piccolo passo per aiutarvi a capire come potete aiutarmi e proteggermi, perché se prendete cura di me, prenderete cura anche di voi stessi e delle future generazioni.

Con tutto l'amore che un pianeta può dare,

Pianeta Gaia 🌍 💜

Otto anni fa, Papa Francesco ha scritto un importante messaggio per dire a tutti quanto sia fondamentale prendersi cura della nostra "casa", il nostro pianeta.

Ma oggi, ci accorgiamo che il mondo sta avendo sempre più problemi, e che tante persone sono in difficoltà a causa dei cambiamenti del clima. Se non facciamo qualcosa, molte persone potrebbero non avere una casa, cibo o persino acqua pulita.

Il cambiamento del clima non è solo un problema per la natura, ma riguarda anche tutti noi.

Molti leader nel mondo dicono che dobbiamo proteggere la Terra e le persone più fragili, che sono le prime a soffrire per queste variazioni.

Se roviniamo la natura, finiamo per danneggiare anche noi stessi e gli altri. Alcuni dicono che non prendersi cura del pianeta sia come fare qualcosa di molto sbagliato.

Con tutte le informazioni e le riflessioni che abbiamo avuto in questi anni, è chiaro che dobbiamo agire subito. Papa Francesco vuole condividere con noi queste parole per ricordarci che il tempo stringe, e che dobbiamo fare qualcosa ora per proteggere il nostro bellissimo pianeta.

È vero che Papa Francesco ha sempre sottolineato l'importanza di prendersi cura del nostro pianeta.

Nel 2015, ha rilasciato l'enciclica "Laudato si'", in cui esplora il rapporto tra la cura della creazione e la giustizia sociale.

Nel documento, egli ha chiamato a una maggiore consapevolezza e azione riguardo ai problemi ambientali e ha esortato i fedeli e tutte le persone di buona volontà a considerare come le loro azioni influenzano l'ambiente e le persone più vulnerabili del pianeta.

Il cambiamento climatico è, senza dubbio, uno dei problemi più gravi e urgenti del nostro tempo.

Non solo ha un impatto diretto sugli ecosistemi, ma anche sulle persone, in particolare su quelle più vulnerabili che spesso vivono in aree già a rischio o che hanno meno risorse per adattarsi ai cambiamenti.

La solidarietà, l'unità e la responsabilità collettiva sono essenziali per affrontare questo problema.

È importante che tutti, dai singoli cittadini ai leader mondiali, comprendano l'urgenza e si mobilitino per prendere decisioni e azioni concrete.

Per quanto riguarda le parole specifiche di Papa Francesco, è sempre bene tornare ai suoi scritti e discorsi diretti per una guida e ispirazione più dettagliate.

Ma il suo messaggio centrale è chiaro: abbiamo la responsabilità di proteggere la nostra "casa comune" e di garantire un futuro sicuro e prospero per le generazioni future.

Il nostro ruolo nella protezione del pianeta

Molti di voi hanno sentito parlare di riciclaggio, vero?

Quando mettiamo i rifiuti nel contenitore giusto, stiamo aiutando il pianeta. Ma c'è molto di più che possiamo fare!

Ad esempio, se spegniamo le luci quando non ci servono, o usiamo meno acqua quando ci laviamo le mani, stiamo aiutando la Terra.

Ogni piccola azione che facciamo ha un impatto.

Perché è così importante?

Pensate ai vostri posti preferiti: un bellissimo parco, una spiaggia o una montagna.

Se non prendiamo cura del nostro pianeta, questi posti potrebbero cambiare e non essere più come li ricordiamo.

Gli animali che amiamo potrebbero avere difficoltà a trovare cibo o un luogo dove vivere.

Cosa possiamo fare?

Parliamo con la nostra famiglia e gli amici di quanto sia importante salvare il pianeta.

Cerchiamo di usare meno cose di plastica e di gettarle nel modo giusto quando non ci servono più.

Piantiamo alberi e fiori, perché aiutano a pulire l'aria.

Se possiamo, usiamo la bicicletta o camminiamo invece di prendere sempre l'auto.

Ricordate, ogni piccolo gesto conta!

E insieme possiamo fare una grande differenza. Con il sostegno di tutti, possiamo rendere il nostro pianeta un luogo migliore in cui vivere per noi, per gli animali e per le future generazioni.

Il nostro piccolo, grande contributo

Ti sei mai chiesto come possiamo aiutare il nostro pianeta? Beh, anche se siamo piccoli, ci sono tante cose che possiamo fare per dare una mano. **Gli alberi sono i nostri amici:** Gli alberi respirano in un modo speciale.

Prendono il "cattivo" aria e la trasformano in "buona" aria per noi.

Quindi, piantare alberi è come avere supereroi che combattono contro il riscaldamento del pianeta!

Riduci, Riutilizza, Ricicla: Queste tre parole magiche possono fare una grande differenza.

Riduci significa usare meno cose, come giocare all'aperto invece di stare sempre con i videogiochi.

Riutilizza significa usare le cose più di una volta, come un quaderno o una bottiglia d'acqua.

E ricicla significa mettere le cose vecchie in speciali cestini, così possono tornare come nuove!

Spegni e Risparmia: Quando non guardiamo la TV o non usiamo il computer, possiamo spegnerli.

Questo aiuta a risparmiare energia!

Piccoli passi fanno una grande differenza: Se ognuno di noi fa anche solo una piccola cosa ogni giorno, insieme possiamo fare una grande differenza.

E ricorda, ogni volta che aiutiamo il nostro pianeta, stiamo aiutando noi stessi e tutti gli esseri viventi su di esso.

La Terra è la nostra casa, e dobbiamo prendersene cura come se fosse un tesoro speciale, perché in realtà lo è!

Storie sbagliate e la verità

Hai presente quando qualcuno ti racconta una storia e tu capisci che non è proprio vera?

Beh, succede anche con le grandi cose come il cambiamento climatico.

1. La storia dei bambini nei paesi poveri: Alcune persone dicono che ci sono troppi bambini in certi paesi e che questi bambini stanno causando il cambiamento climatico.

Ma questa è una storia sbagliata.

La verità è che i paesi con tante città grandi e molte macchine e fabbriche inquinano di più.

Quindi, anche se un posto ha molte persone, non significa che stia inquinando tanto.

2. Il problema dei lavori: Alcune persone hanno paura che, se smettiamo di inquinare, molte persone perderanno il loro lavoro.

Ma, sai una cosa?

Se scegliamo di proteggere la Terra, possiamo creare nuovi lavori.

Lavori che aiutano il pianeta!

Come coloro che costruiscono pannelli solari, o che piantano alberi, o che studiano come rendere l'aria più pulita.

Cosa possiamo fare?

Anche se siamo piccoli, possiamo fare la differenza:

Parla con gli adulti e spiega loro cosa hai imparato.

A volte, gli adulti non sanno tutto e possiamo insegnare anche a loro!

Se vedi qualcosa che inquina, chiedi se c'è un altro modo per farlo che sia più gentile con la Terra.

Racconta ai tuoi amici le storie vere, così possono aiutarti a prendersi cura del nostro pianeta.

E la cosa più importante?

Continua a imparare e a fare domande. Se tutti noi lavoriamo insieme, possiamo proteggere la nostra bellissima Terra!

Perché dobbiamo preoccuparci?

Hai mai preso un gelato fuori in una giornata molto calda e hai visto come si scioglie velocemente?

Bene, questo sta succedendo ai grandi blocchi di ghiaccio nei posti freddi del mondo.
E quando il ghiaccio si scioglie, l'acqua va negli oceani e fa salire il livello del mare.

Questo significa che alcune spiagge o città vicine al mare potrebbero scomparire sotto l'acqua!

Cosa hanno fatto gli adulti?

Gli adulti, per molti anni, hanno usato macchine, fabbriche e altre cose che emettono questi gas serra.

È come se avessimo una grande coperta intorno alla Terra, e ogni volta che inquiniamo, aggiungiamo un altro strato a questa coperta.
Questo rende il nostro pianeta sempre più caldo.

E ora?

Anche se le notizie possono sembrare spaventose, c'è speranza! Tante persone stanno lavorando duramente per cambiare le cose. Alcuni stanno inventando nuove tecnologie che non inquinano. Altri stanno piantando alberi o proteggendo gli oceani.

E anche tu puoi aiutare!

Cosa possiamo fare noi bambini?

Impara e condividi: Parla di ciò che hai imparato con i tuoi amici e la tua famiglia.

Ricicla: Assicurati di mettere i rifiuti nei contenitori giusti.

Spegni: Ricorda di spegnere le luci quando esci da una stanza.

Cammina o pedala: Se puoi, vai a scuola a piedi o in bicicletta invece di prendere l'auto.

Chiedi ai grandi: Chiedi agli adulti di fare scelte migliori per proteggere il nostro pianeta.

E ricorda, la Terra è come la nostra grande casa.
E come ci prendiamo cura della nostra camera o dei nostri giocattoli, dobbiamo prendere cura anche del nostro pianeta!

La nostra grande responsabilità

Sai, a volte, quando qualcosa si rompe in casa, potresti cercare di nascondere la verità per paura di essere rimproverato, vero?

Beh, molte persone grandi stanno facendo la stessa cosa con il nostro pianeta. Alcune di loro non vogliono ammettere che ci sono problemi perché hanno paura di dover cambiare le loro abitudini o di perdere soldi. E anche se è difficile da credere, alcune persone, purtroppo, pensano più al denaro che alla salute del nostro mondo.

Perché alcune persone chiudono gli occhi?

Molte persone sono abituate a fare le cose in un certo modo e non vogliono cambiare.
Altre persone guadagnano molto denaro da cose che inquinano il nostro pianeta, e non vogliono perdere questi soldi.

E poi, ci sono alcune persone che semplicemente non vogliono ammettere che c'è un problema.

E cosa c'entra la Chiesa?

La Chiesa è fatta di persone, e come tutte le persone, anche loro possono fare errori.

Alcuni non vogliono vedere la verità, ma molti altri nella Chiesa stanno lavorando duramente per aiutare il nostro pianeta.

Cosa dobbiamo fare?

Ascolta: Ascolta le persone che dicono la verità sul cambiamento climatico.

Impara: Impara tutto ciò che puoi sul nostro pianeta e su come proteggerlo.

Condividi: Parla con i tuoi amici, la tua famiglia e i tuoi insegnanti di ciò che hai imparato.

Fai piccoli gesti: Come spegnere le luci quando non ne hai bisogno o risparmiare acqua mentre ti lavi i denti.

E ricorda, ognuno di noi ha una voce, anche se siamo piccoli.
E se uniamo tutte le nostre voci, possiamo fare un grande rumore e fare in modo che le persone ascoltino e cambino!

La nostra grande avventura

Immagina di essere su una grande nave, navigando in un vasto oceano.

Tutto va bene, quando all'improvviso noti delle piccole gocce d'acqua che entrano dalla parte inferiore della nave.

Anche se sono solo poche gocce, sai che se non fai qualcosa subito, l'acqua potrebbe entrare più velocemente e la nave potrebbe affondare.

Il nostro pianeta è un po' come quella nave. Sta iniziando a mostrare segni che ha bisogno di aiuto.

Gli animali marini soffrono perché gli oceani stanno diventando acidi. I ghiacciai, che sono come grandi cubetti di ghiaccio, si stanno sciogliendo.

E molte foreste, che sono come i polmoni della Terra, vengono tagliate.

E ora?

Anche se alcune di queste cose sono iniziate e potrebbero durare a lungo, possiamo fare qualcosa per aiutare.

Se vediamo una perdita d'acqua nella nostra immaginaria nave, cercheremmo di fermarla, vero? Ecco cosa dobbiamo fare per la Terra:

Impariamo: Conoscere il problema è il primo passo. Sapere che cosa sta accadendo ci aiuterà a capire come aiutare.

Risparmiamo: Usiamo meno acqua, energia e cose che non sono necessarie.

Parliamo: Raccontiamo ai nostri amici e familiari ciò che sappiamo. Se tutti aiutano, possiamo fare molta differenza!

Cura: Anche se non possiamo fermare tutto, possiamo curare la Terra come faremmo con un amico malato.

Piantare alberi, pulire le spiagge, e fare altre piccole azioni può aiutare molto.

Quindi, anche se le cose potrebbero sembrare spaventose ora, se tutti noi lavoriamo insieme, possiamo aiutare la nostra nave - il nostro bellissimo pianeta - a navigare in acque sicure. E ricorda: ogni piccola azione conta!

Un grande puzzle chiamato Terra

Hai mai giocato con un puzzle?

Sì, quei giochi con tanti pezzi che devi unire per creare un'immagine completa.

Ogni pezzo ha un suo posto e solo quando tutti i pezzi sono al posto giusto puoi vedere l'immagine chiaramente.

Il nostro mondo è un po' come un puzzle gigante.

Ogni paese, ogni persona, ogni albero e animale sono pezzi di questo puzzle.

E tutti questi pezzi sono collegati tra loro.

Una lezione dal virus

Hai sentito parlare del Covid-19, vero?

È stato un virus che ha iniziato in un piccolo posto, ma poi si è diffuso in tutto il mondo.

Ci ha mostrato quanto siamo tutti connessi.

Se qualcosa succede in un posto, può influenzare tutti noi, proprio come un pezzo di puzzle che non si incastra bene può rendere difficile vedere l'immagine intera.

Il nostro grande compito

Noi, grandi e piccini, dobbiamo ricordare che la Terra non è solo nostra.

È come una grande eredità che ci è stata data e che dobbiamo passare ai nostri fratelli e sorelle, cugini e amici del futuro.

E' un po' come avere un giocattolo speciale che devi condividere e prenderti cura, in modo che anche gli altri dopo di te possano giocarci.

Tutti sulla stessa nave

Hai mai visto un'immagine di un grande barco in mezzo all'oceano?

Bene, immagina che tutti noi, tutte le persone del mondo, siamo su quella nave.

Se in un angolo della nave c'è una perdita, non importa se sei dall'altro lato, alla fine la nave potrebbe affondare e tutti avremmo dei problemi.

Dobbiamo quindi lavorare insieme per tappare quelle perdite e proteggere la nostra nave - il nostro mondo.

Quindi, anche se alcune cose possono sembrare grandi e complicate, ogni cosa che fai per aiutare, anche la più piccola, conta.

E non dimenticare mai: siamo tutti su questa grande nave insieme.

Dobbiamo prendercene cura insieme e proteggerla per tutti coloro che verranno dopo di noi.

Gli strumenti magici della tecnologia

Hai mai visto un film di magia dove il mago ha una bacchetta magica che può fare tutto?

Beh, a volte, le persone vedono la tecnologia un po' come quella bacchetta magica.

Pensano che, con essa, possiamo risolvere tutti i problemi e fare tutto quello che vogliamo.

Umani e macchine

Immagina di avere un robot come amico.

È super veloce, può fare tanti compiti e sembra sapere tutto. Ma anche se è fantastico, non può ridere con te, non può comprendere come ti senti e non ha emozioni come te.

Questo perché le macchine sono strumenti fantastici, ma non possono sostituire ciò che rende speciale l'essere umano.

Usare gli strumenti con saggezza

La tecnologia è come un giocattolo molto potente.

Se lo usiamo bene, può aiutarci a fare tante cose incredibili. Ma se lo usiamo senza pensarci, potrebbe rompersi o, peggio, potrebbe farci del male.

La tecnologia può aiutarci a vivere meglio, ma non dobbiamo dimenticare chi siamo e cosa significa essere umani.

Ricordare la natura

Hai mai trascorso un pomeriggio giocando in un parco o camminando in un bosco?

La natura ci dà aria fresca, acqua, cibo e tante altre cose belle. Ma se usiamo la tecnologia senza pensare, potremmo danneggiare la natura e tutto ciò che ci dà.

Dobbiamo sempre ricordare di rispettarla e proteggerla.

La tecnologia è un grande dono e può fare tante cose incredibili.

Ma come ogni dono, dobbiamo usarlo con saggezza e amore. E dobbiamo sempre ricordare di proteggere la nostra bellissima Terra e di rispettarci l'un l'altro.

Così, con la tecnologia e l'amore, possiamo costruire un mondo migliore per tutti noi.

Il grande potere della tecnologia

Immagina di avere una bacchetta magica che ti permette di fare quasi tutto quello che desideri.

Ecco, la tecnologia è un po' come quella bacchetta magica per noi. Ma come con tutte le cose potenti, dobbiamo essere prudenti su come la usiamo.

Gli ingredienti magici

Hai mai fatto una torta o un dolce con tua mamma o tuo papà? Sai che ci sono alcuni ingredienti che sono necessari per fare quella torta.

Allo stesso modo, ci sono alcune cose, come il litio, che sono necessarie per fare molte delle nostre cose tecnologiche. Ma queste cose non durano per sempre e dobbiamo usarle saggiamente.

Essere i guardiani della terra

La nostra Terra è un po' come una grande casa piena di animali, piante e persone.

E proprio come quando prendi cura dei tuoi giocattoli preferiti, dobbiamo prendere cura della nostra Terra e di tutte le creature che ci vivono.

Non dobbiamo pensare solo a cosa possiamo ottenere dalla Terra, ma anche a come possiamo proteggerla e rispettarla.

Il super potere

Oggi, con la tecnologia, possiamo fare cose che una volta si vedevano solo nei film di supereroi.

Ma con grandi poteri, viene anche una grande responsabilità. Dobbiamo essere sicuri di usare la nostra tecnologia per fare del bene e non per fare del male.

Il futuro è nelle nostre mani

La tecnologia è come un treno veloce che ci porta verso il futuro. Ma noi siamo i conducenti di quel treno e dobbiamo decidere dove vogliamo andare.

Dobbiamo assicurarci che il nostro viaggio rispetti la Terra e tutti coloro che vi abitano.

Ricorda sempre: ogni volta che usi la tecnologia, pensa non solo a quello che puoi fare, ma anche a come puoi fare del bene.

Così, insieme, possiamo costruire un futuro luminoso e felice per tutti!

Il segreto del superpotere umano

Immagina di avere una bacchetta magica.

Con essa, potresti fare tante cose straordinarie, come volare o rendere invisibili le cose.

Ma cosa succederebbe se, invece di usarla per fare del bene, la usassi per fare dispetti o distruggere le cose? Non sarebbe molto responsabile, vero?

Bene, in un certo senso, gli esseri umani hanno un tipo di "bacchetta magica".

È il potere di creare tecnologie, di costruire città e di cambiare il mondo.

Ma come con ogni grande potere, dobbiamo imparare ad usarlo nel modo giusto.

Il nostro amico, il pianeta Terra

Hai mai guardato le nuvole e immaginato di vedere forme e figure?

O forse hai trovato una roccia a forma di cuore mentre giocavi fuori?

Questi sono piccoli segni che la Terra ci sta parlando e dicendoci che fa parte della nostra famiglia.

La Terra non è solo un luogo dove viviamo.

È come un grande fratello o una grande sorella che ci protegge e ci dà tutto ciò di cui abbiamo bisogno.

E proprio come in una famiglia, dobbiamo prendersi cura l'uno dell'altro.

Noi e la natura: una squadra ppeciale

Hai mai pensato che sei come un supereroe della natura? Anche se non abbiamo mantelli o maschere, abbiamo qualcosa di speciale: un cuore, un cervello e delle mani per fare del bene.

Non siamo estranei alla natura; siamo parte di essa.

Dobbiamo ricordare che con grandi poteri viene anche una grande responsabilità.

E la nostra responsabilità è proteggere e amare la nostra casa, la Terra.

La magia delle culture antiche

Hai mai sentito parlare di storie che i nonni raccontano? Storie di persone che vivevano nelle foreste, parlavano con gli animali e rispettavano la terra come se fosse la loro migliore amica?

Queste persone appartenevano a culture antiche che sapevano come vivere in pace con tutto ciò che li circondava.

Queste culture avevano un modo speciale di vedere il mondo. Non solo prendevano dalla natura ciò di cui avevano bisogno, ma si assicuravano anche di ringraziarla e di prendersene cura. È come quando prendi in prestito un giocattolo da un amico: lo usi, te ne prendi cura e poi lo restituisci in buone condizioni.

E proprio come in una squadra, ogni membro ha un ruolo speciale.

Il grande puzzle della tecnologia

Ma adesso, con tutte le macchine e i computer, sembra che stiamo dimenticando come fare le cose nel modo giusto.

È come se avessimo un grande puzzle con tanti pezzi e stessimo cercando di incastrarli senza guardare l'immagine sulla scatola.

Il superpotere dell'uomo: Un Dono o una Trappola?

Hai mai desiderato avere un superpotere?

Gli esseri umani, grazie alla tecnologia, hanno ottenuto poteri incredibili. Ma come in ogni storia di supereroi, con grandi poteri arrivano grandi responsabilità.

Se non siamo attenti su come usiamo questi poteri, potremmo finire per fare più danni che benefici.

La scelta è nelle nostre mani

Ora, ci troviamo di fronte a una grande decisione. Come i supereroi nei fumetti, dobbiamo scegliere se usare i nostri poteri per il bene o per il male.

La cosa importante è ricordare che facciamo tutti parte di una grande famiglia con la natura e dobbiamo prendercene cura, non solo per noi, ma anche per tutti quelli che verranno dopo di noi.

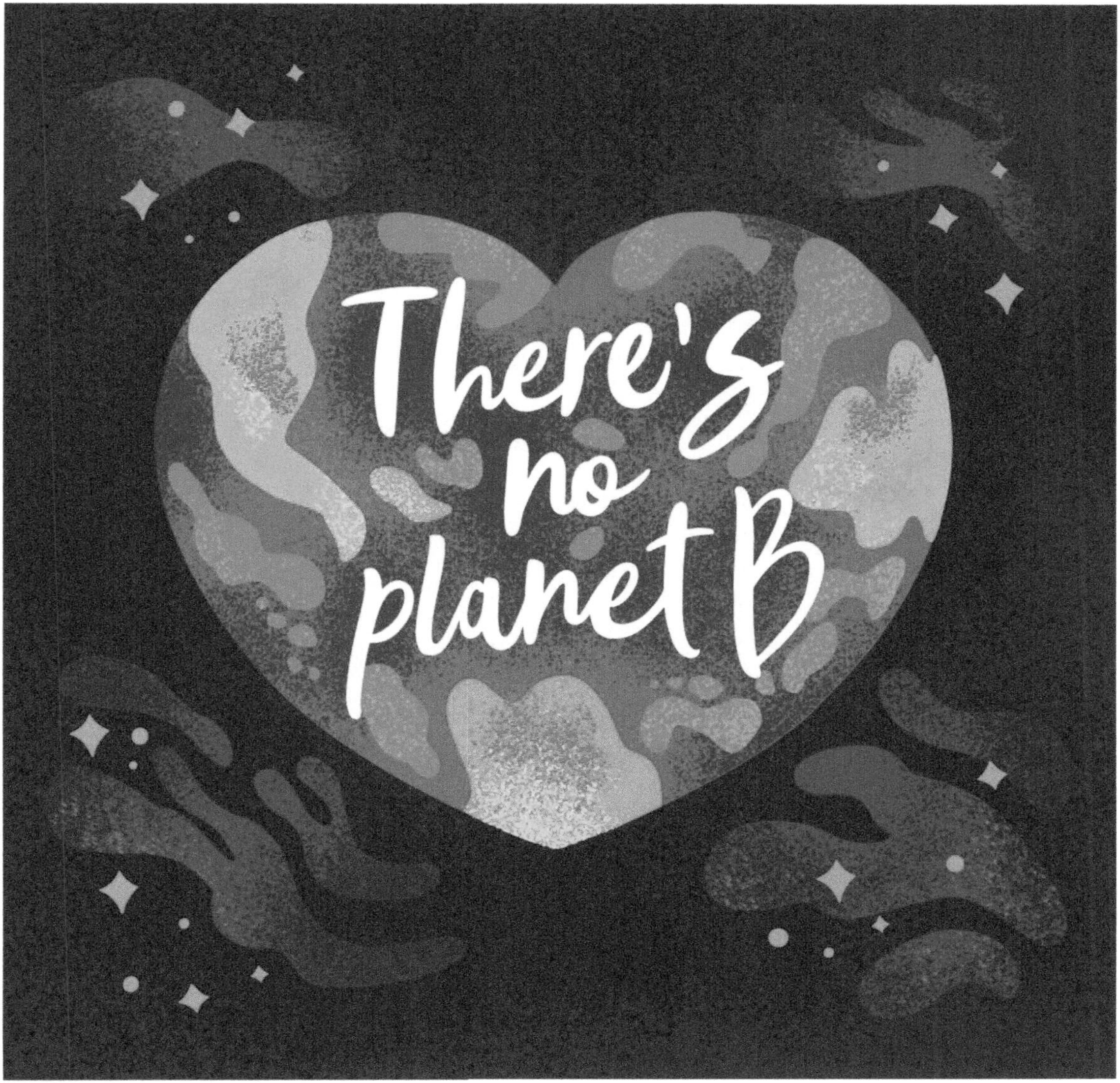
There's
no
planet B

Le bugie vestite da verità

Sai quando qualcuno ti dice qualcosa che suona troppo bello per essere vero?

Tipo quando un amico ti dice che ha trovato una bacchetta magica che può far volare, ma poi scopri che stava solo scherzando?

Ebbene, nel mondo degli adulti succede qualcosa di simile. Alcune persone raccontano storie che suonano meravigliose per convincere gli altri a fare ciò che vogliono.

I trucchetti del marketing

Immagina di avere una scatola di matite colorate.

Ogni matita ha un colore diverso e unico. Ma poi arriva qualcuno e dipinge tutte le matite di oro, dicendo che sono le più speciali.

Bene, nel mondo degli adulti, questo si chiama "marketing". È come quando vediamo un giocattolo in TV e pensiamo che sia il più bello di tutti, solo perché ci hanno detto che lo è.

Le promesse ingannevoli

A volte, alcune persone fanno promesse molto allettanti, come dare un sacco di soldi in cambio di qualcosa.

Ma poi, ci si rende conto che quello che abbiamo dato valeva molto di più di ciò che abbiamo ricevuto.

È come se avessimo scambiato il nostro giocattolo preferito per una caramella, solo per scoprire poi che la caramella aveva un sapore amaro.

Il nostro ruolo

È importante che, mentre cresciamo, impariamo a riconoscere quando qualcuno sta cercando di ingannarci o di farci credere in qualcosa che non è vero.

E anche se ora siamo piccoli, possiamo cominciare a fare la differenza, parlando e chiedendo ai grandi di fare scelte giuste per proteggere la nostra Terra e le persone che ci vivono. Ricorda sempre di fare domande e di cercare la verità in tutto ciò che ti viene detto!

Il gioco ingiusto e il gioco onesto

Immagina di giocare a un gioco con i tuoi amici. In un gioco onesto, tutti hanno le stesse possibilità di vincere, e anche se qualcuno vince, tutti si divertono.

Ma poi, c'è il gioco ingiusto: in questo gioco, una persona cambia le regole in modo che vinca sempre, e gli altri giocatori non hanno quasi nessuna possibilità di vincere.

Ora, il mondo degli adulti ha un "gioco" simile, si chiama "economia". In questo gioco, alcune persone vogliono avere sempre di più, anche se ciò significa che altre persone abbiano meno.

A volte, queste persone raccontano storie che fanno sembrare giusto ciò che stanno facendo, ma in realtà non lo è.

Il valore del duro lavoro

Sappiamo tutti quanto sia bello essere premiati quando ci impegniamo. È come quando studi molto per un test e poi prendi un bel voto! Ma, nel mondo degli adulti, alcune persone pensano che solo perché hanno più cose o più soldi, sono migliori degli altri.

Questo non è giusto, perché tutti meritano rispetto e amore, indipendentemente da ciò che possiedono.

Una domanda importante

Hai mai pensato a cosa vuoi veramente dalla vita?

Non parlo solo di avere un sacco di giocattoli o caramelle, ma di cosa rende veramente felice e soddisfatto.

Gli adulti si fanno spesso questa domanda.

E dovremmo tutti pensare non solo a ciò che è buono per noi, ma anche a ciò che è buono per gli altri e per il nostro pianeta.

Un futuro luminoso

Se vogliamo un futuro bello, dobbiamo fare scelte giuste oggi. È come quando pianti un seme e lo curi per farlo diventare una pianta.

Se ci prendiamo cura del nostro pianeta e delle persone, il nostro futuro sarà luminoso e felice!

Ricorda: è sempre bello fare la cosa giusta e prendersi cura degli altri. Così, quando cresceremo, avremo un mondo più bello e giusto in cui vivere!

La grande gara tra paesi

Immagina che tutti i paesi del mondo stiano giocando a un enorme gioco di staffetta.

Ogni paese ha un testimone (come un bastone) che deve passare agli altri.

Ma invece di correre insieme come una squadra, molti paesi stanno cercando di correre da soli, guardando solo i loro interessi.

Questo rende il gioco molto difficile e confuso, e non siamo in grado di risolvere problemi importanti come l'inquinamento o le malattie.

L'Importanza di giocare insieme

Sai come ci si sente quando giochi in squadra e tutti collaborano?

È fantastico, vero?

Beh, i paesi dovrebbero fare lo stesso!

Se tutti lavorassero insieme, potremmo risolvere grandi problemi e fare del mondo un posto migliore.

Grosse sfide, grandi opportunità

Hai presente quando fai un puzzle e a volte ti perdi perché alcune parti sono difficili da incastrare?

Così è per i grandi problemi del mondo, come le malattie o le crisi finanziarie.

Invece di usare questi problemi come un'occasione per unirsi e risolverli, i paesi spesso litigano tra loro o cercano di risolverli da soli.

Costruire un futuro migliore

Anche se ci sono stati momenti in cui i paesi non hanno lavorato bene insieme, possiamo cambiare questo!

Come quando stai costruendo con i LEGO, a volte hai bisogno di rompere ciò che hai costruito e ricominciare in un modo migliore.

I paesi possono fare la stessa cosa: imparare dai loro errori e costruire un futuro migliore insieme.

Ricorda, quando tutti lavorano insieme come una grande squadra, possiamo fare cose incredibili!

E come bambini, potete aiutare mostrando a tutti come è bello condividere e collaborare.

Un gioco di squadra globale

Immagina di avere un gioco da tavolo gigante, dove ogni giocatore rappresenta un paese.

In alcuni momenti del gioco, alcuni giocatori decidono di fare tutto da soli, non condividendo le risorse o le strategie.

Questo rende il gioco molto difficile per tutti e meno divertente.

Un team di eroi

Ma ci sono momenti in cui alcuni "eroi" del gioco si alzano e dicono: "Ehi, perché non lavoriamo tutti insieme per risolvere questo problema?".

Ecco, queste persone sono come quelle organizzazioni e persone in tutto il mondo che cercano di fare del bene, anche quando le grandi regole del gioco non aiutano.

Un nuovo modo di giocare

Ora, immagina che questi eroi inizino a mostrare a tutti un nuovo modo di giocare, dove condividono, si aiutano a vicenda e risolvono i problemi insieme.

Questo è come il "nuovo multilateralismo", un modo in cui tutti i paesi si uniscono e collaborano.

L'importanza di ascoltare tutti

Sai quando stai giocando e a volte alcuni bambini non vengono ascoltati o vengono esclusi?

Non è giusto, vero?

Nel nostro grande gioco di squadra globale, dobbiamo assicurarci che ogni voce venga ascoltata, che tutti siano trattati con gentilezza e rispetto, proprio come quando giochiamo insieme.

In poche parole, il mondo può essere un posto migliore se tutti i paesi giocano insieme come una grande squadra, ascoltandosi a vicenda e aiutandosi l'un l'altro.

E come bambini, potete mostrare agli adulti come fare, condividendo e giocando insieme in modo gentile!

La squadra globale del futuro

Immagina di avere un grande puzzle, e ogni pezzo rappresenta un paese del mondo.

In passato, alcuni pezzi più grandi volevano decidere come andavano messi insieme tutti gli altri pezzi.

Ma ora, ci stiamo rendendo conto che ogni pezzo, grande o piccolo, ha qualcosa di speciale da offrire per completare il quadro.

Ogni voce conta

Anche se alcune regole del gioco erano state create molto tempo fa, ora stiamo imparando che ogni paese, anche il più piccolino, ha delle idee brillanti!

Durante tempi difficili, come quando si è diffuso un grosso raffreddore nel mondo (la pandemia), abbiamo visto che paesi di tutte le dimensioni hanno condiviso soluzioni utili.

Imparare dai vecchi e dai nuovi giochi

Hai mai giocato a giochi vecchi con regole che sembravano non funzionare più?

Ecco, le regole della diplomazia, che è un modo elegante di dire "come i paesi parlano tra loro", sono un po' come quel vecchio gioco.

Ma ora, stiamo cercando di aggiornare queste regole, prendendo le parti migliori del vecchio gioco e aggiungendo nuove idee.

Un nuovo modo di decidere insieme

Pensa a quando giochi con i tuoi amici: non sarebbe giusto se solo uno decidesse tutto, vero?

Allo stesso modo, nel grande puzzle del mondo, non è giusto che solo alcuni pezzi grandi decidano per tutti.

Tutti dovrebbero avere la possibilità di condividere le loro idee!

Un mondo dove tutti sono valorizzati

In breve, stiamo cercando di costruire un mondo in cui ogni pezzo del puzzle sia valorizzato e ogni voce sia ascoltata.

Così, insieme, possiamo creare un bellissimo quadro dove tutti vivono felici e al sicuro.

E tu, con la tua gentilezza e la tua capacità di ascoltare, puoi mostrare a tutti come farlo!

Il grande viaggio per salvare il nostro Pianeta

Immagina che il nostro mondo sia una grande nave.

Tanti anni fa, ci siamo resi conto che questa nave aveva dei problemi: stava iniziando a scaldarsi troppo!

Questo è ciò che chiamiamo "cambiamento climatico".

Così, le persone di tutto il mondo hanno deciso di riunirsi e cercare di risolvere il problema.

Un grande incontro a Rio

Nel 1992, molte persone provenienti da diversi paesi si sono incontrate in una città chiamata Rio.

Lì, hanno discusso di come poter risolvere il problema del riscaldamento del nostro pianeta.

Questo incontro è stato l'inizio di un lungo viaggio per cercare di proteggere la nostra Terra.

Altri incontro e un grande piano

Dopo l'incontro a Rio, le persone si sono riunite molte altre volte. In uno di questi incontri, hanno creato un piano chiamato "Protocollo di Kyoto".

Questo piano aveva delle regole su come i paesi potessero ridurre il riscaldamento.

Era come una grande promessa fatta da molti paesi per proteggere la nostra nave mondo.

Aiutare i paesi che hanno più difficoltà

Mentre alcune nazioni hanno molti strumenti e risorse per proteggere la nave, altre nazioni potrebbero avere più difficoltà.

Quindi, le nazioni con più strumenti hanno promesso di aiutare quelle con meno strumenti.

Così, insieme, possono lavorare per proteggere la nave da ulteriori danni.

Riconoscere chi ha creato il problema e chi sta soffrendo

Alcune persone hanno notato che alcuni paesi hanno contribuito di più al problema del riscaldamento.

Questi paesi ora stanno cercando di aiutare quelli che stanno soffrendo di più a causa dei cambiamenti.

Ogni anno, le persone si incontrano e parlano di come andiamo con il nostro piano per salvare la nave.

Non è sempre facile, e ci sono stati momenti in cui ci siamo sentiti tristi perché le cose non andavano come speravamo.

Ma le persone continuano a lavorare insieme e a sperare. E tu, anche se sei piccolo, puoi aiutare in tanti modi a proteggere la nostra grande nave, la Terra!

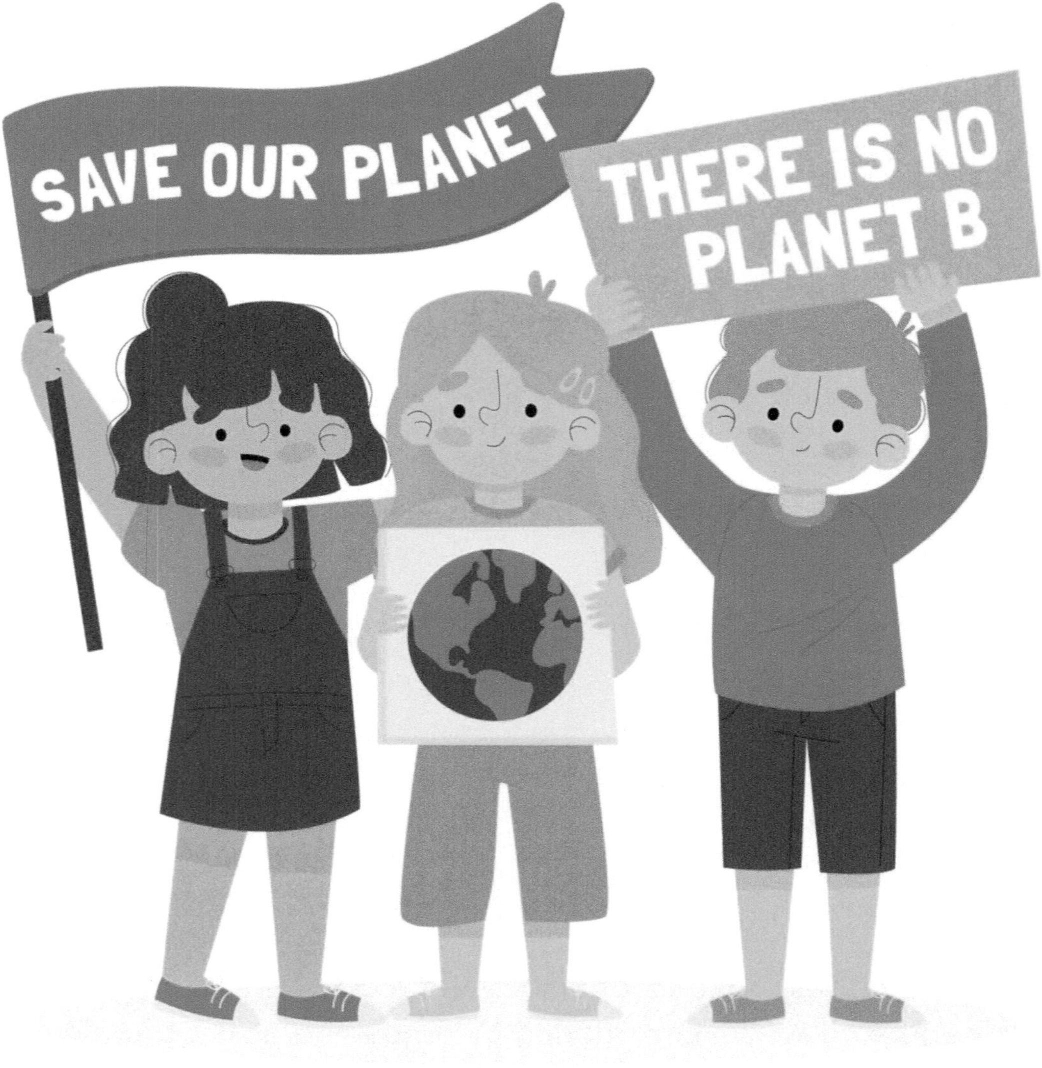
SAVE OUR PLANET
THERE IS NO PLANET B

Il grande libro della natura e la promessa di proteggerlo

Una volta, c'era un vecchio saggio, chiamiamo lui il Papa, che raccontava storie ai bambini del villaggio.

Una delle sue storie era sul grande libro della natura e su come tutti noi siamo parte di una grande famiglia sulla Terra.

La Terra è la nostra casa

Il Papa spiegava che il nostro mondo, la Terra, è come una grande casa in cui tutti vivono. Ma questa casa sta avendo alcuni problemi a causa di cose chiamate "cambiamenti climatici".

Questo sta causando molti problemi non solo agli alberi, ai fiori e agli animali, ma anche a molte persone.

Prendersi cura delle persone vulnerabili

Il Papa ha detto che alcune persone, specialmente quelle che vivono in luoghi lontani o in posti molto poveri, stanno soffrendo di più a causa di questi cambiamenti.

Queste persone potrebbero perdere le loro case a causa delle alluvioni, o potrebbero non avere abbastanza cibo da mangiare perché le loro coltivazioni non crescono come prima.

Tutti abbiamo una responsabilità

Il Papa ci ha ricordato che ognuno di noi ha una responsabilità speciale di prendersi cura della nostra grande casa, la Terra. Non dovremmo pensare solo a noi stessi, ma anche a come le nostre azioni influenzano gli altri, specialmente coloro che stanno soffrendo di più.

Non dimenticare le promesse

Il Papa ha detto che mentre alcuni grandi capi parlano e discutono su come risolvere questi problemi, non dovremmo dimenticare le persone che stanno soffrendo ora.

Dobbiamo fare delle promesse e tenerle, e non lasciare che altre cose, come i soldi o i desideri di poche persone, ci distraggano.

Ogni volta che sentiamo parlare di cambiamenti climatici, dobbiamo ricordare che si tratta non solo di piante e animali, ma anche delle persone.

E come membri di una grande famiglia sulla Terra, dobbiamo proteggere e prendersi cura l'uno dell'altro.

E tu, anche se sei piccolo, puoi fare la tua parte per aiutare!

Il grande racconto del Papa sulla cura della Terra

Immagina di avere un libro di regole per un gioco.

Ora, se tutti non seguono le regole, il gioco diventa ingiusto e non divertente, vero?

Il Papa ci sta dicendo qualcosa di simile sul nostro grande gioco di proteggere la Terra.

Le regole del gioco

Il Papa ci dice che se facciamo delle promesse, dobbiamo mantenerle.

Se promettiamo di prendersi cura della Terra, dobbiamo essere sicuri di farlo davvero.

Questo è quello che il Papa chiama "trasparenza" e "controllo".

Non basta parlarne

Il Papa ci ricorda che le parole da sole non sono abbastanza. Se dicessimo sempre che puliremo la nostra stanza ma non lo facessimo mai, la stanza rimarrebbe sempre disordinata, giusto? Allo stesso modo, non basta solo parlare di proteggere la Terra. Dobbiamo anche agire.

Un messaggio di speranza

Anche se a volte può sembrare difficile o complicato, il Papa ci dice di non perdere la speranza.

Come quando affrontiamo un compito difficile a scuola, sappiamo che possiamo farcela se lavoriamo insieme e ci aiutiamo a vicenda.

E il Papa crede che, lavorando insieme, possiamo prendersi cura della nostra casa, la Terra.

Pensiamo a quello che il Papa ci sta dicendo come a una mappa del tesoro.

E se qualcuno non segue le regole, dovremmo avere un modo per dirgli: "Ehi, devi aiutare anche tu!"

Anche se la strada per trovare il tesoro (una Terra sana e felice) può avere delle buche e delle curve, se seguiamo la mappa e ci aiutiamo a vicenda, arriveremo al tesoro. E questo tesoro non è solo per noi, ma per tutti quelli che verranno dopo di noi.

La grande riunione a Dubai per salvare la Terra

Ok ragazzi, immaginatevi una grande festa di compleanno con ospiti provenienti da tutto il mondo. Ogni ospite porta un regalo.

Ma invece di giocattoli o dolci, i regali sono promesse per proteggere la nostra casa, la Terra.

Questa festa si chiama COP28 e si tiene a Dubai!

Un Segnale Speciale da un Paese del Deserto

Dubai è in un paese chiamato Emirati Arabi Uniti.

Sai, una volta, il denaro di questo paese veniva soprattutto dal petrolio, un tipo di "succo" nero che si trova sottoterra e che usiamo per far andare le macchine e le luci.

Ma il petrolio non è molto gentile con la nostra Terra.

Ora, Dubai sta dicendo: "Ehi, anche se abbiamo molto petrolio, vogliamo usare energia pulita, come il sole e il vento!" È come se qualcuno che ha sempre mangiato caramelle decidesse di mangiare frutta.

È un grande cambiamento!

Che cosa speriamo dalla riunione?

Vogliamo che i grandi paesi ricchi, come quelli d'Europa o d'America, aiutino i paesi più piccoli.

Non solo dicendo "Buona fortuna!", ma aiutandoli davvero con denaro, strumenti e idee.

Promesse o azioni?

Sapete quando promettete di fare i compiti, ma poi dimenticate?

Beh, non vogliamo che i paesi facciano lo stesso. Non vogliamo solo sentire belle parole.

Vogliamo vedere azioni vere, come se tutti si rimboccassero le maniche e iniziassero a piantare alberi o usare auto che non inquinano.

Tutti noi abbiamo un ruolo nel proteggere la Terra. E la grande riunione a Dubai è come una promessa di compleanno per il nostro pianeta.

Speriamo che tutti mantengano le loro promesse e che la nostra casa diventi sempre più pulita e felice.

E voi ragazzi, cosa fareste per aiutare il nostro pianeta?

La grande riunione a Dubai: l'incontro degli eroi della Terra

Ragazzi, immaginatevi una grande squadra di supereroi provenienti da ogni angolo del mondo.

Ognuno ha un superpotere diverso, e si sono riuniti a Dubai per salvare la Terra.
Questo incontro speciale si chiama COP28!

Formare squadre super-speciali

A questa grande riunione, i supereroi (che sono in realtà i rappresentanti dei paesi) possono formare squadre speciali. Queste squadre lavoreranno insieme per creare nuovi modi per proteggere il nostro pianeta, come magie che trasformano il sole e il vento in energia o scudi che proteggono gli animali e le piante.

Non solo parole, ma azioni!

Ora, immaginate che questi supereroi parlino, parlino, parlino... ma non facciano nulla.
Sarebbe triste, vero? Ecco perché speriamo che non si limitino a parlare, ma agiscano veramente!

Vogliamo vedere loro fare magie e utilizzare i loro superpoteri per aiutare la Terra.

La vera magia è nel cuore

Ma c'è una cosa ancora più importante da ricordare. La crisi che sta danneggiando il nostro pianeta non è solo qualcosa che risolvere con

magie o invenzioni. È come se avessimo dimenticato di prendersi cura della nostra casa. possiamo Dobbiamo ricordare di amare la Terra, gli animali, le piante e tutti gli esseri umani. Se ognuno di noi fa la sua piccola parte con amore e cura, possiamo veramente fare una grande differenza.

La grande riunione a Dubai non è solo per parlare, ma per agire e mostrare al mondo che possiamo salvare il nostro pianeta se lavoriamo insieme.

E tu, quale superpotere vorresti avere per aiutare la Terra?

Un nuovo modo di guardare il Mondo: la grande trasformazione

Immaginatevi un grande castello di sabbia sulla spiaggia.

Ogni volta che arriva un'onda, il castello viene distrutto.

Ma invece di cercare un modo per fermare le onde, pensiamo a come costruire un castello più forte e più alto.

Questo è simile a quello che stiamo cercando di fare con la transizione energetica.

Una nuova avventura

La transizione energetica è come un grande viaggio o una avventura in cui cerchiamo di cambiare il modo in cui viviamo e usiamo l'energia.

Non si tratta solo di utilizzare macchine diverse o costruire case diverse.

È come imparare un nuovo modo di vivere, in cui prendiamo cura della Terra e di tutti quelli che vivono su di essa.

Ogni eroe ha un ruolo

Tutti possono essere eroi in questa avventura.

Non dobbiamo essere grandi scienziati o inventori.

Anche piccole azioni, come spegnere le luci quando non sono necessarie o ridurre gli sprechi, possono fare una grande differenza.

Ma la cosa più importante è che dobbiamo unirci tutti insieme, come una grande squadra, e chiedere ai nostri leader di fare di più per proteggere la nostra casa.

Il futuro è nelle nostre mani

Non vogliamo che, in futuro, i nostri amici, fratelli e sorelle guardino indietro e dicano: "Perché non hanno fatto di più?" Vogliamo che guardino indietro e dicano: "Hanno fatto tutto il possibile e hanno creato un mondo migliore per noi."

Questo non è solo un problema di "ambiente".

È una questione di prendersi cura gli uni degli altri e del nostro pianeta. Dobbiamo lavorare insieme, come una grande famiglia, per fare la differenza.
E voi, ragazzi, siete una parte importantissima di questo viaggio.

Quindi, cosa possiamo fare insieme per proteggere la nostra casa?

Storie della natura: come Gesù ci ha insegnato a prendersi cura del Pianeta

Avete mai ascoltato il cinguettio degli uccellini al mattino? O guardato un tramonto colorare il cielo di rosa e oro?

Bene, queste sono le bellezze della natura che Dio ha creato per noi.

E Gesù, nel suo discorso sulla montagna, ci ha detto una cosa molto importante riguardo a tutto ciò.

Gli uccellini e noi

Gesù ci ha raccontato di come gli uccellini non hanno bisogno di lavorare sodo come noi, ma Dio si prende cura di loro in ogni momento.

Questo ci dice che ogni piccola creatura, ogni fiore, ogni albero, ha un ruolo speciale nel grande disegno di Dio.

E se Dio si prende cura di tutti loro, dobbiamo fare lo stesso, perché tutto ciò che vediamo intorno a noi è un regalo speciale.

Un regalo speciale

La natura non è solo un bel posto dove giocare o fare pic-nic. È come un grande libro di storie che Dio ha scritto per noi. Ogni albero, ogni fiume, ogni montagna ci racconta qualcosa sull'amore di Dio.

E proprio come quando trattiamo con cura i nostri giocattoli preferiti, dobbiamo trattare con cura anche la natura.

San Francesco e la Natura

Avete mai sentito parlare di San Francesco d'Assisi? Era un uomo molto speciale che amava la natura più di chiunque altro. Per lui, il sole era suo fratello e la luna sua sorella. Pensate un po'! Immaginatevi di chiamare un piccione "fratellino" o un fiore "sorellina". È un modo bellissimo di vedere il mondo, non trovate?

Un invito alla meraviglia

Quindi, la prossima volta che uscite e vedete un bellissimo paesaggio o sentite il canto degli uccelli, ricordatevi delle parole di Gesù e di San Francesco.

E chiedetevi: "Come posso aiutare a proteggere queste meraviglie?" Perché prendersi cura della Terra è un modo speciale di dire grazie a Dio per tutti i suoi doni.

E ricordate, ogni piccolo gesto conta. Anche solo piantare un alberello o raccogliere la spazzatura può fare una grande differenza.

L'importanza di imparare ad Amare il nostro Pianeta

Immaginatevi ad un compleanno: c'è una bellissima torta decorata sul tavolo e tutti aspettano di assaggiarla.

Ma invece di tagliarla e condividerla, qualcuno la rovescia o prende tutta per sé.

Sarebbe un disastro, vero? Ecco, la natura è come quella torta: è un dono per tutti noi e dobbiamo imparare a prendercene cura e condividerla.

Una scuola per il cuore e la mente

Quando andate a scuola, imparate molte cose come matematica, storia e geografia.

Ma c'è un'altra cosa importante da imparare: come prendersi cura della nostra "casa grande", il nostro pianeta.

Non basta sapere che c'è inquinamento o che dobbiamo riciclare.

Dobbiamo sentire nel cuore l'importanza di tutto ciò. Dobbiamo capire che la natura non è solo un posto bello, ma è come un amico speciale che ha bisogno del nostro aiuto.

Piccoli passi, grandi cambiamenti

Hai mai notato come una piccola goccia d'acqua possa creare tante onde in uno stagno?

Anche le nostre piccole azioni, come spegnere la luce quando non serve o usare meno plastica, possono fare una grande differenza.

E se tutti noi facciamo questi piccoli gesti, insieme possiamo creare un grande cambiamento.

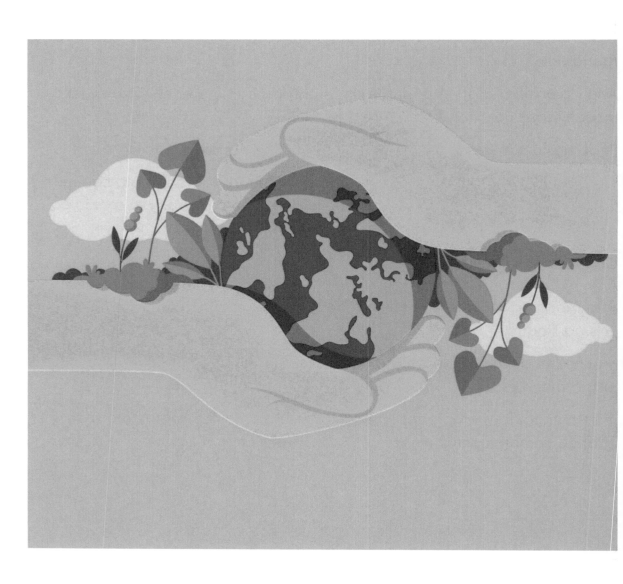

La casa di tutti ha bisogno di aiuto

Ma non è solo un lavoro per noi bambini.

Anche gli adulti, come i presidenti dei paesi e le persone che decidono le regole, devono fare la loro parte.

Devono capire che proteggere la natura è come proteggere una casa preziosa.

Non possiamo continuare a prenderci tutto senza pensare alle conseguenze.

Un futuro migliore
Alla fine, quello che vogliamo è un mondo in cui tutti possano vivere felici e in salute, in armonia con la natura.

E per farlo, dobbiamo tutti imparare, insieme, ad amare e rispettare il nostro bellissimo pianeta.

E voi? Siete pronti ad aiutare?

Le parole di Papa Francesco spiegate ai bambini e ai giovani

Immagina se avessimo un giocattolo molto prezioso, dato a noi da qualcuno che amiamo molto.

Come lo tratteremmo?

Sicuramente ne avremmo cura, vero?

E se quel giocattolo si rompesse, faremmo di tutto per ripararlo.

Bene, Papa Francesco ci dice che il nostro pianeta è come quel giocattolo prezioso.

E ora che è un po' "rotto", dobbiamo fare di tutto per ripararlo.

Un cambio di cuore

Hai mai notato come ti senti bene quando fai qualcosa di gentile per qualcun altro?

O come ti senti triste quando vedi qualcuno o qualcosa soffrire?

Papa Francesco ci dice che dobbiamo usare questi sentimenti per aiutare il nostro pianeta.

Non solo perché è la cosa giusta da fare, ma perché il mondo è un regalo da Dio e dobbiamo trattarlo con amore.

Piccoli gestioni, grandi risultati

Pensaci: quando aiuti in casa, magari mettendo in ordine i tuoi giochi o sparecchiando il tavolo, sembra un piccolo gesto, ma fa sentire tutti meglio, vero?

Allo stesso modo, ogni piccola azione che facciamo per aiutare l'ambiente ha un grande impatto.

E se tutti facciamo la nostra parte, insieme possiamo fare una grande differenza!

Dio è con Noi

Infine, Papa Francesco ci ricorda che non siamo soli in questo. Proprio come quando hai bisogno di aiuto e chiedi a un adulto o a un amico, possiamo anche chiedere aiuto a Dio.

Lui ci ama e vuole che prendiamo cura del bellissimo mondo che ci ha dato.

Cosa ci sta dicendo Papa Francesco?
Ci sta dicendo che ognuno di noi ha un ruolo nel proteggere e curare il nostro mondo.
E con l'aiuto di Dio, l'amore e le piccole azioni, possiamo fare una grande differenza! E tu? Sei pronto ad aiutare il nostro pianeta?

Ecco le parole del Papa spiegate ai bambini e ai giovani:

Emissioni e stili di vita

Ti sei mai chiesto da dove proviene tutta l'energia che usiamo per accendere le luci, per guardare la TV o per far funzionare i nostri telefoni? Alcuni paesi, come quelli dove ci sono molte città e fabbriche grandi, utilizzano molta energia e creano molta "sporcizia" nell'aria.
Questa "sporcizia" si chiama emissioni di carbonio. Altri paesi ne creano meno. Il Papa ci sta dicendo che i paesi che creano molta "sporcizia" dovrebbero aiutare a pulirla, ma anche che tutti noi dovremmo pensare a come usare meno energia.

Essere umili e rispettare la Natura

Hai mai visto qualcuno che pensa di sapere tutto e che può fare tutto?

A volte, se pensiamo di essere i più intelligenti, dimentichiamo di ascoltare e di imparare.

Papa Francesco ci dice che dobbiamo essere umili, cioè ricordarci che non siamo i capi della natura, ma solo una parte di essa.

Dobbiamo trattare il mondo con rispetto, come tratteremmo un amico.
E sai cosa? Quando diciamo "grazie" per qualcosa, ci sentiamo meglio e anche più felici.
Ecco perché il Papa ci ricorda di dire "grazie" al mondo intorno a noi e a Dio che ci ha dato tutto questo.

San Francesco d'Assisi

Forse hai sentito parlare di San Francesco d'Assisi.
Era un uomo che amava molto la natura.
Parlava agli uccelli e camminava a piedi scalzi. Lui capiva quanto fosse bello il mondo e voleva che tutti lo trattassero con amore.

Quando Papa Francesco ci parla di San Francesco, ci sta dicendo che dobbiamo cercare di essere come lui: rispettare e amare tutto ciò che ci circonda.

Un messaggio speciale

Quando qualcuno ti scrive una lettera e la firma alla fine, significa che quella persona ci tiene molto a ciò che ti ha scritto.

Il Papa ha firmato questa lettera con il nome "FRANCESCO", proprio come San Francesco, perché ci tiene molto che tutti noi proteggiamo e amiamo la nostra Terra.

E tu, cosa puoi fare per aiutare il nostro pianeta e rispettarlo come ha fatto San Francesco?

Cari giovani esploratori e custodi del pianeta,

Abbiamo intrapreso insieme un viaggio incredibile attraverso le parole di Papa Francesco e abbiamo scoperto l'importanza di prendersi cura della nostra Terra.
Ma ricordate, questa è solo la punta dell'iceberg!

Mi rendo conto che spesso sentire parlare di grandi problemi può essere un po' spaventoso, ma non dimenticate mai che ogni singolo gesto conta.

Anche una piccola piantina che cresce può diventare un grande albero. Così come una singola goccia può creare onde nel mare, le vostre azioni possono creare onde di cambiamento nel mondo!

E ora, la vera avventura inizia!

Se andate sul sito **pianetagaia.net**, troverete tantissime attività divertenti e creative per aiutarvi a diventare veri e propri eroi della Terra. Ci sono pop-up da costruire, disegni da colorare, giochi educativi e tante altre sorprese che vi aspettano.

E la cosa migliore? È tutto gratuito!

Condividete il sito con i vostri amici, insegnanti e famiglie. Più siamo, più potremo fare per il nostro meraviglioso pianeta.

Ricordatevi sempre che la Terra ha bisogno di ciascuno di voi. E voi avete la forza e la fantasia per fare la differenza!

Un abbraccio grande come il mondo, pieno di speranza e gratitudine.

Continuate a sognare, imparare e crescere. E, soprattutto, continuate ad amare e proteggere il nostro pianeta.

Con infinito amore e speranza,

Pianeta Gaia 🌍 🖤

P.S. - Non vedo l'ora di vedere tutte le vostre meravigliose creazioni e azioni in difesa della Terra!

Ricordatevi di condividere le vostre avventure e scoperte sul sito:

pianetagaia.net

Printed in Great Britain
by Amazon

33423977R00044